Daniel Rosenblatt

Gestalttherapie für Einsteiger

Für Naomi

Daniel Rosenblatt

GESTALTTHERAPIE FÜR EINSTEIGER

Eine Anleitung zur Selbst-Entdeckung

Vorwort von Erhard Doubrawa

Aus dem Amerikanischen von
Marein von der Osten-Sacken

gik Gestalt Institut Köln
Werkstatt humanistische Psychologie

Peter Hammer Verlag
Eine Edition der Bildungswerkstatt Köln/Gestalt Institut (GIK)

Originaltitel:
The Gestalt Therapy Primer
Perennial Library, New York 1976
Yurisha Press, New York 1994

Die Deutsche Bibliothek – CIP-Einheitsaufnahme

Rosenblatt, Daniel:
Gestalttherapie für Einsteiger / Daniel Rosenblatt.
Mit einem Vorw. von Erhard Doubrawa.
Aus dem Amerikan. von Marein von der Osten-Sacken.
[Hrsg. von Anke und Erhard Doubrawa].
– Wuppertal : Hammer, 1995
Einheitssacht.: The gestalt-therapy primer <dt.>
ISBN 3-87294-699-4

Herausgegeben von Anke und Erhard Doubrawa
Umschlaggestaltung: Magdalene Krumbeck
Satz: Jung Satzcentrum GmbH, Lahnau
Druck: Druckhaus Beltz, Hemsbach

INHALT

Erhard Doubrawa

Vorwort

Lieber Dan,
Dich zu kennen, verdanke ich meinem Lehrer und Mentor, Milan Sreckovic, der mich zum Weiterlernen zu seinen eigenen Lehrern und Freunden schickte. Inzwischen bin ich selbst Lehrer geworden und schicke meine Schüler zu Dir in die Lehre.

Was fand ich bei Dir? – Liebevolle Achtung und leidenschaftliche Beharrlichkeit: Du konntest stundenlang mit einem in unserer Lerngruppe arbeiten, ohne hartnäckig zu werden. Ohne beweisen oder gewinnen zu müssen. Deine Bereitschaft, Menschen in ihren Selbsterforschungsprozessen zu begleiten, hat jenen langen Atem, jene Zugewandtheit und Achtsamkeit, die die Seele braucht, um lernen zu können.

Zugleich ist Deine Gestalt-Arbeit auf eine sehr wirksame Weise einfach. So ursprünglich, so pur wie Dich sah ich nur einen weiteren Menschen arbeiten: Lore Perls, Deine Lehrerin, deren engster Vertrauter Du später warst.

Immer wieder zeigtest Du Deinen Schülerinnen und Schülern, daß es bei der Arbeit nicht um den Therapeuten geht, sondern um den Klienten und seine Selbsterforschung, der wir nur »Türen öffnen« können, wie der deutsche Titel Deines Buches (Köln, EHP 1986) ausdrückt.

Den ersten Schritt in die therapeutische Beziehung machen immer die Klienten. Und ihr Recht ist es auch zu bestimmen, was sie preisgeben, ansehen, womit sie experimentieren, welche Räume ihres Selbst und ihrer Welt sie (neu) erforschen oder (wieder) erobern wollen.

Bereitwillig öffnest Du uns Lernenden auch Türen zu Deinen inneren Prozessen, während Du arbeitest. Zeigst uns, was es heißt, daß der Gestalt-Therapeut »sein eigenes Instrument« ist. Und Du machst uns Mut, unseren eigenen, inneren Prozessen zu vertrauen.

Ist bereits »Türen öffnen« ein großes Geschenk und eine lebendige Mitteilung für alle Suchenden und Lernenden, so darf ein anderer Aspekt Deiner Arbeit nicht unerwähnt bleiben: Du arbeitest auch mit Menschen, für die sich die Türen zum Leben langsam und unwiderruflich schließen. Du begleitest AIDS-Patienten und stellst die Fragen nach dem Tod, nach dem Sinn, der bleibt, und nach dem Sinn therapeutischer Arbeit angesichts des Sterbens genauso beharrlich und kontaktvoll wie die nach Wachstum und Lebendigkeit. Dies gibt Deiner Arbeit eine selten anzutreffende Radikalität und Tiefe. *(Bin ich meines Bruders Hüter?* Vortr.i.engl.Spr.m.dt.Ü. Audiocass., Köln, GIK 1995)

Heute, hier und jetzt, kann ich nun voll Freude und Stolz Dein zweites, von Marein von der Osten-Sacken einfühlsam ins Deutsche übersetzte, Buch vorstellen: »Gestalttherapie für Einsteiger« – solch ein Buch gab es bei uns bisher noch nicht. Es ist nicht nur eine »Einführung«, sondern viel mehr: eine Einladung zur Gestalttherapie.

Es macht die Leserinnen und Leser nicht nur mit Gestalt-Arbeit vertraut, sondern vielmehr – ganz gestaltisch – auch mit sich selbst.

Es ist genau das Buch, das ich mir immer gewünscht habe, wenn Menschen mich fragen, was das denn eigentlich ist: Gestalt-Therapie.

Eigentlich – ihrem innersten Wesen nach – ist sie nicht Wissen, sondern Erfahrung. Und wie anders kann man Gestalt dann vermitteln als erfahrungsbezogen! Diesen Einstieg gibst Du in Deinem neuen Buch – in weiser und erfahrener Abschätzung der Schritte, die ein Mensch allein gehen kann, um herauszufinden, ob dieser Weg zu ihm passen könnte.

Wie Du Deinen Leserinnen und Lesern bereits die Tür zum inneren Erleben des Therapeuten geöffnet hast, so zeigst Du hier Wege zum inneren Erleben des Klienten selbst.

Letztlich sucht jede Reise, die wir machen, das Land der Seele. – So wünsche ich Deinen Leserinnen und Lesern, Deinem Buch und Dir selbst, lieber Dan: Guten Weg und gute Reise! Möge Dein Buch vielen ein guter Weggefährte sein!

Herzlich,
Dein Erhard
Köln, im August 1995

Daniel Rosenblatt

Geleitwort zur deutschen Ausgabe

Diese »Fibel der Gestalttherapie« habe ich bereits 1975 geschrieben. Der eigentliche Urtext der Gestalttherapie, *Gestalt Therapy: Excitement and Growth in the Human Personality,* war bereits fünfundzwanzig Jahre alt. Während dieser Zeitspanne hatten sich viele Gestalt-Trainees mit der schwierigen Sprache jenes Gemeinschaftswerkes von *Perls, Hefferline* und *Goodman* (PHG) abgemüht. Man verbreitete die Ansicht, der Text sei absichtlich so unklar abgefaßt, damit die Leser ihn nicht einfach introjizieren könnten.

Logischerweise müßte demnach jeder Leser die schwierige Sprache des Textes bedenken und durchkauen, könnte ihn also nicht unkritisch und unverdaut hinunterschlukken. Meiner Meinung nach ist aber gerade das Befürchtete geschehen. In ihren angestrengten Versuchen, diese Sprache zu verstehen, scheiterten die Trainees und machten dann vorzugsweise nur das nach, was sie begreifen konnten. Im Endergebnis unterblieb eine kritische Überprüfung der Grundlagen der Gestalttherapie weitgehend, und die grundlegenden Annahmen von PHG überdauern unangefochten.

Wenn aber eine Theorie oder eine Lehre zu wachsen beginnt, dann entwickeln sich auch eine Menge Sprößlinge und Verzweigungen, andernfalls vertrocknet sie, eingekapselt in ihren ursprünglichen Formulierungen. Dies ist tatsächlich etwa ein Problem der Freudschen psychoanalytischen Bewegung oder der Jungschen analytischen Psychologie. Ich hoffe, daß die Gestalttherapie nicht in ein ähnliches Stocken gerät.

Aus diesem Grunde schrieb ich die »Gestalttherapie für Einsteiger« als eine Möglichkeit, das zugänglich zu machen, was ich in dem wortreichen Text von PHG für weise und nährend halte. Zwar benutze ich nicht die Wörter Introjektion, Projektion und Retroflexion, aber die Kapitel drei, vier und fünf widmen sich der Erforschung dieser Mechanismen, die Kontakt behindern und verzerren können.

Heute, zwanzig Jahre nach der Erstausgabe dieses Buches, ist es in englischer Sprache wieder aufgelegt worden und wird in Deutschland publiziert. Während dieser Zeitspanne sind viele Therapeuten von ihren Klienten und Schülern um Kopien dieses Buches gebeten worden, und ich freue mich, daß es nun wieder zur Verfügung steht. Ich habe es noch einmal sorgfältig gelesen und beschlossen, es so zu lassen, wie es ursprünglich geschrieben wurde. Ich betrachte es nach wie vor als eine Einführung in die Gestalttherapie, als eine Einladung, mit dem Forschen zu beginnen. – Vielleicht bin ich ja nicht ganz unvoreingenommen, aber mir kommt das Buch so frisch und lebendig vor wie zu der Zeit, als ich es schrieb. Es macht mir Freude und ich hoffe, es wird einer weiteren Generation von Leserinnen und Lesern ebenso Freude bereiten.

Daniel Rosenblatt
New York, im Mai 1995

EINLEITUNG

Dies Buch ist als Vorgeschmack gedacht, als Appetithappen, als ein Scheibchen von dem, was Gestalttherapie wirklich ist.

In einer echten Sitzung mit einem Gestalttherapeuten wird alles, was geschieht, ganz allein nur für dich zubereitet.

Hier aber – zumal ich dich nicht kenne – erfinde ich, was zwischen dir und mir geschehen *könnte*, damit du eine Ahnung davon bekommst, wie das Denken und wie die Techniken funktionieren, die benutzt werden, damit du wachsen, in Berührung mit deinen Gefühlen kommen und versteckte Seiten deiner selbst erforschen kannst, um ganz du selbst zu werden.

Hier sind verschiedene Arten, wie ein Gestalttherapeut auftritt:

Er wird vielleicht:
  aktiv sein
  reden
  Experimente vorschlagen
  erläutern, was gerade jetzt in der Sitzung geschieht
  interpretieren
  dir seine eigenen Gefühle ausdrücken
  eine Partnerarbeit aus der Therapie machen
  dich auffordern, Risiken einzugehen
  besonders interessiert am Wie, nicht am Warum sein
  mehr von deiner Gegenwart als von deiner Vergangenheit wissen wollen
  aufmerksam sein, was du mit deinem Körper machst:

Wie atmest du?
Wo fühlst du Spannungen?
Wie gehst du?
Wie hältst du dich?

deine Aufmerksamkeit fort von deinen Worten und hin zu deinem Körper leiten; fragen womöglich Sachen wie:

Wie fühlt sich dein Mund jetzt an?
Kannst du deine Stirn spüren?
Und wenn dein Fuß reden könnte?
Was würde er jetzt wohl sagen?
Kannst du mir erzählen, wie du gerade atmest?

dich bitten, Verantwortung für das zu übernehmen, was mit dir geschieht:

Was ist gut daran, krank zu sein?
Was ist gut an deinem Ärger über deinen Vater?
Was ist gut daran, gefeuert zu werden?
Was ist gut daran, wenn du verschläfst?

Ein Gestalttherapeut wird womöglich:

dich bitten, in Betracht zu ziehen, daß du sehr häufig die Dinge *selbst auslöst,* die dir zu widerfahren scheinen, auch wenn du im Augenblick nicht dessen gewahr bist, *wie* du das tust,

sogar dann, wenn du nicht dessen *gewahr* bist, was diese Dinge überhaupt mit dir zu tun haben, zumal es so aussehen mag, als ob du gar *nichts* davon hast, krank, ärgerlich, zu spät aufgestanden oder ähnliches zu sein.

Untersuchst du jenes »nichts« näher, so wirst du womöglich entdecken, daß eine Menge Interessantes in dem verborgen liegt, was so negativ scheint.

Ein Gestalttherapeut wird womöglich:

anders mit Träumen umgehen.

Vielleicht ist er mehr an dem interessiert, was zwischen dir und ihm passiert, als an deinem Traum.

Vielleicht vermutet er, daß du deinen Traum träumtest, um ihn oder dich in die Irre zu führen.

Vielleicht bittet er dich, jedes Element deines Traumes zu werden:

(Ich träumte, daß ich in einem riesigen Ozeandampfer verloren war, und große Wellen schwappten in das Schiff.)

Vielleicht bittet er dich, ein großer Ozeandampfer zu werden und ihn sprechen zu lassen.

Vielleicht fordert er dich auf, große Wellen zu werden, die das Schiff überrollen, und sie reden zu lassen.

Vielleicht regt er an, daß du einen Dialog zwischen dem Schiff und den Wellen erfindest.

Vielleicht läßt er dich die Bedeutung deines Traumes entdecken und bietet nicht seine eigene Deutung an.

Nun, falls dieser Vorgeschmack von Gestalttherapie dir gefällt, dann möchtest du vielleicht weitermachen.

Ein Weg ist, das Buch *Gestalt-Therapie* zu lesen, das Fritz Perls, Paul Goodman und Ralph Hefferline 1951 geschrieben haben. Der andere Weg ist, einen guten Gestalttherapeuten zu finden und weitere Möglichkeiten zu erforschen, wie du dich entfalten kannst.

Du entscheidest selbst – und für dich selbst. Schließlich ist es auch bereits ein wesentlicher Bestandteil der Gestalttherapie, daran zu glauben, daß du selbst letztlich weißt, was das Beste für dich ist. Als Gestalttherapeut will ich dich *in die Lage versetzen*, dies Wissen wirklich zu erlangen und für dich zu nutzen.

Hier sind zwei Vorschläge (du kannst sie außer acht lassen), die dies Buch betreffen.

Dieses Buch ist absichtlich dünn und kurz. Das liegt daran, daß du aufgefordert bist, die Experimente selbst auszuführen.

Wenn du das Buch beiseite legst und die Experimente machst, dann wird sehr viel mehr geschehen, als hier buchstäblich steht.

Finde deinen eigenen Weg, wie dies Buch dir nützen kann. Du brauchst nicht jedes Experiment der Reihe nach durchzuführen, du brauchst das Buch nicht in einem durchzulesen, du mußt auch nicht jedes Experiment gut finden.

Wenn einige Experimente zu schwierig sind, überspringe sie und komm zu einem späteren Zeitpunkt auf sie zurück.

I

HIER UND JETZT

Was FÜHLST du JETZT gerade eben?

Was DENKST du gerade J-E-T-Z-T?

Was TUST du eben J-E-T-Z-T?

Was geschieht *genau jetzt, hier* in dieser Situation, zwischen uns beiden?

Versuche es mit einem Experiment. Du legst dies Buch aus der Hand. Du richtest sodann deine Aufmerksamkeit auf das, was mit dir geschieht. TU ES JETZT!

Und, was ist geschehen?

Hier sind eine ganze Menge Möglichkeiten:

Nichts ist passiert. Ich habe mich nur dumm gefühlt!

Ich fand, dies ist ein blödes Buch und eine alberne Anweisung.

Ich dachte daran, daß ich gerne ins Kino wollte.

Ich hatte eine Phantasie, in der ich einen wundervollen Menschen traf.

Ich bemerkte eine Fliege, die auf der Wand herumkrabbelte.

Ich fühlte mich innerlich ganz merkwürdig.

Ich bekam Kopfschmerzen

Ich fing an, darüber nachzudenken, was gestern bei der Arbeit passiert ist.

Ich begann über all die Dinge nachzudenken, die ich heute tun mußte.

....

Und jetzt probierst du noch etwas aus.
Etwas sehr Schwieriges.

Du versuchst das zu AKZEPTIEREN – was immer es gewesen ist, das bei dir passiert ist –, du läßt es einfach nur dasein.

Du versuchst also, *nicht* zu kritisieren, schlechtzumachen oder dich schuldig zu fühlen für das, was bei dir passiert ist. Du läßt das, was geschah, einfach das sein, was geschah – *was immer es war.*

Du versuchst, NICHT zu BEWERTEN, was auch immer das war, was dir geschah. Du siehst zu, ob du es unterlassen kannst, einen Standpunkt dazu einzunehmen. Du siehst zu, ob du das Geschehene anschauen kannst, ohne dabei zu entscheiden: Ist das *gut oder schlecht?*

Du versuchst zu sagen, »Das war interessant«, auch wenn du es so nicht *empfindest* oder *glaubst.*

Kannst du dir vorstellen, daß du dich selbst streng verurteilen (tadeln, kritisieren) könntest?

Oder daß du dieses Buch in derselben schroffen Weise verurteilen (tadeln, kritisieren) könntest?

Oder andere in ebenso harter Weise verurteilen könntest?

Beeinträchtigt deine Kritik deine Beziehungen zu dir selbst und zu anderen? Oder deine Arbeit?

Laß uns einen Augenblick mit deiner Kritik experimentieren. Leg sie einfach beiseite.

Ich erlaube dir jetzt, weder dich noch mich zu kritisieren.

Kannst du diese Erlaubnis akzeptieren?

Wie lange kannst du so durchhalten, ehe du wieder zu kritisieren beginnst?

Meinst du, du *mußt* kritisieren?

Viele Leute glauben das. Daraus wird oft ein Lebensstil.

Für jetzt reicht es aus, wenn du weißt, daß deine Kritik womöglich dein Gewahrsein von dem beeinträchtigt, was dir sonst so geschieht.

Jetzt versuche wieder herauszufinden, was es ist, dessen du *jetzt* gerade gewahr bist; was du gerade jetzt

fühlst?
denkst?
tust?

Arbeite eine kleine Weile lang daran.
Konzentriere dich.
Schenke dir selbst Aufmerksamkeit.
Sei all dessen gewahr, was geschieht – was immer es ist.

Was passierte in dieser Zeit?

.....

.....

.....

Es ist gleichgültig, *was* geschehen ist. Wesentlich ist nur, daß überhaupt irgendetwas (was auch immer) war. Kannst du das wertschätzen – was immer da geschah?

Wie schnell ignorieren wir das, was passiert! Wie wir es übersehen, vergessen, trivialisieren, kritisieren!

Und doch ist es alles, dessen wir wahrhaftig gewiß sein können, dies eben gerade jetzt.

Was vorübergegangen, Vergangenheit ist, hat sich bereits verwandelt, ist vielleicht schon vergessen, sicher aber durch die Erinnerung verändert. Und was kommen wird, die Zukunft, ist ungewiß, unwirklich, eine bloße Möglichkeit.

Und trotzdem wird dies *eben gerade jetzt* so oft vergeudet.

Ist es nicht interessant, daß mir, sowie ich Gelegenheit habe, auf das zu achten, was jetzt gerade passiert, nichts mehr einfällt, ich bin *leer*; ich finde dann, daß rein gar nichts geschieht.

Ich möchte mehr über diese *Leer*-Seite von mir wissen; ich will mehr darüber wissen, wie ich nichts geschehen lasse.

Jetzt beginne ich, etwas über mich selbst herauszufinden: Ich blende mein *Jetzt* aus.

Und ich beginne gerade, eine Situation zu entwickeln, in der ich mehr darüber lernen kann.

Anders gesagt, obwohl es nur im Kleinen geschieht, habe ich doch begonnen, mich selbst kennenzulernen, und habe eine Möglichkeit zu wachsen eröffnet.

Du hast soeben einen kleinen Vorgeschmack von dem bekommen, was geschehen kann.

Aber denk bitte nicht, dieser Geschmack wäre das ganze Menü.

Auf den folgenden Seiten werde ich dich einladen, andere Aspekte deines Selbst, deines Lebens zu probieren. Aber denk bitte daran, daß dies alles nur ein Häppchen, eine erste Berührung, eben ein Anfang ist.

Wenn dein Appetit angeregt wird, wenn du Hunger auf mehr hast, dann solltest du einen qualifizierten Gestalttherapeuten suchen, um mit ihm weiterzuarbeiten.

Allein durch die Experimente und Vorschläge in diesem Buch weiterzuwachsen und dich zu fortzuentwickeln, hieße, das, was für dich geschehen kann, ganz entschieden zu begrenzen.

2

WIE ALLES ZUSAMMENPASST

Gestalt ist ein Wort, für das es keine einfache Entsprechung gibt. Es ist zwar nicht gleichbedeutend, aber doch sinnverwandt mit einer ganzen Menge anderer Wörter:

Form
Figur
Ganzheit
Anordnung
Struktur
Thema

Gestalt bedeutet die Art und Weise, in der Teile zu einem Ganzen zusammengefügt oder strukturiert werden.

So ist eine Person deswegen eine Person, weil sie einen Kopf, einen Rumpf und Glieder besitzt, die auf eine bestimmte Weise angeordnet sind.

Wenn sie Arme hätte, wo normalerweise der Kopf sein müßte, so würden wir sie nicht als Person, sondern als Monstrum bezeichnen.

Entsprechend umfaßt unsere Gestalt einer physischen Person nicht nur Teile des Körpers, sondern zugleich auch das Bedürfnis, daß sie in einer bestimmten Weise angeordnet sein sollten, die eine *Bedeutung* für uns hat.

Genauso besitzt ein Baum

Wurzeln
Stamm
Zweige
Blätter

Wenn sie alle füglich zusammenpassen, so ist ein neues Ganzes aus diesen Teilen entstanden: ein Baum.

Es gehört zum Grundgefüge von Gestalten, daß das Ganze mehr ist als die Summe seiner Teile. Der Baum ist mehr als bloß seine Wurzeln, sein Stamm, seine Zweige oder Blätter. Ein Baum begreift in sich die Form, die alle diese Teile ergeben; die Art, wie sie zusammengefügt sind.

Um einer Gestalt gewahr zu sein, müssen wir zunächst die Teile so anordnen, daß ein bedeutungsvolles Ganzes entsteht.

Indem wir Gestalten bilden, erschaffen wir also in einem fort unsere Erfahrungen und verleihen dem, was uns geschieht, Bedeutung. Dieser Prozeß ist es, der in der Therapie so genau betrachtet wird.

Zum Beispiel:

> Wenn ich meine Arbeit erfahren möchte, um ihre Bedeutung herauszufinden, um ein neues Ganzes zu erschaffen, so könnte ich fragen, was diese Arbeit ist und was sie nicht ist; was ich daran mag und was ich nicht mag; welche Jobs ich für diese Arbeit aufgegeben habe und welche noch für mich in Frage kommen.
>
> Mal sehen, was passiert.

MEINE ARBEIT ALS GESTALTTHERAPEUT

Was sie ist

Eine schwere Arbeit.
Eine aufregende Arbeit.
Eine wichtige Arbeit.

Sie findet drinnen statt.
Sie erfordert Konzentration.
Sie wird gut bezahlt.

Ich arbeite mit Menschen.
Ich arbeite mit Menschen, die harte Zeiten durchgemacht haben.
Ich arbeite mit Menschen, die mehr über sich selbst herausfinden wollen.

Was sie nicht ist

Ich gebrauche meinen Körper nicht so viel wie meinen Geist.
Ich sitze eher als zu laufen oder zu springen.
Ich bekomme keine glücklichen Klienten.
Ich langweile mich selten.

Was ich daran mag

Ich fühle mich nützlich für andere.
Ich bin überzeugt, daß ich es gut mache.
Ich bin stolz auf meine Fähigkeiten.
Ich finde diese Arbeit wichtig.

Was ich nicht daran mag

Ich muß viel reden.
Ich muß viel drinnen sitzen.
Ich bin nahe bei soviel Schmerz, Unglück, Leiden.
Ich fordere Menschen auf, wundervolle Illusionen aufzugeben.
Wenn die Menschen sich ganzheitlicher fühlen und das Leben genießen, dann ist es Zeit, meine Arbeit mit ihnen zu beenden.

Welche Tätigkeiten, die ich mag, habe ich aufgegeben

Landwirtschaft
Hunde- und Katzenzucht
Zeltlager machen
mit Kindern arbeiten

Welche anderen Arbeiten kann ich zur selben Zeit tun

schreiben
Vorträge halten
lehren
supervidieren

Nachdem ich mir alle Teile meiner Arbeit angesehen habe, entsteht aus all diesen Aspekten ansatzweise eine neue Figur. Ich entdecke neue Bedeutungen in dem, was ich tue und was ich vielleicht gern täte. Selbst wenn ich entscheide, nichts Neues zu machen, keine Wechsel vorzunehmen, so habe ich doch ein besseres Gefühl dafür gewonnen, was ich da tue oder wer ich dabei bin.

Und wenn ich mich dafür entscheide, doch irgendetwas ändern zu wollen, dann habe ich eine bessere Grundlage für das, was ich machen will, und für die Richtung, in die ich gehen will.

In anderen Worten:

Ich besitze jetzt eine starke, deutliche Gestalt von meiner Arbeit.

Normalerweise kommen zugleich mit einer klaren Gestalt erregte Empfindungen und Gefühle von Lebendigkeit auf, die Entwicklungs- und Wachstumsmöglichkeiten bedeuten.

Das ist es, wie ich mich *jetzt* gerade in meiner Arbeit *fühle*.

Einmal angenommen, ich hätte herausgefunden, daß ich meine Arbeit alles in allem nicht mag, und ich hätte dies vor mir versteckt gehalten. Jetzt wüßte ich es.

Ich würde immer noch die Erregung empfinden, weil ich jetzt genau wüßte, daß ich in meiner Arbeit unglücklich war. Ich würde mir die anderen möglichen Arbeiten anschauen.

Ich hätte von Anfang an das Gefühl, daß es die Möglichkeit gibt herauszufinden, in welche Richtung ich meine Arbeit wechseln will.

Mag sein, ich hätte nicht gleich sofort eine Antwort, aber ich würde bereits die Unterstützung besitzen, die ich brauchen würde, um den nächsten Schritt zu tun, nämlich herauszufinden, wohin ich wohl gehen will.

Also wird das, was ich in einem Augenblick herausfinde, zum Hintergrund für eine neue Gestalt: »Was ich an meiner Arbeit mag« hat sich zu »Welche Arbeit werde ich jetzt suchen?« entwickelt.

Jetzt kannst du nachvollziehen, warum der Prozeß der Gestaltbildung so wichtig für Wachstum und Entwicklung ist.

Jede Gestalt führt zur nächsten.

Wenn ich frei genug bin, daß ich neuen Gestalten erlauben kann hervorzutreten, dann wird mein Leben beständig im Fluß sein, wie auch meine Erfahrung stetig wechselt, wie neue Bedeutungen aufkommen, wie sich neue Entwicklungen abzeichnen.

Wenn ich jedoch Gestalten festhalte, sie fixiere oder mit ihnen steckenbleibe, dann bekommt mein Leben etwas Langweiliges, Kreisendes, Unwirkliches, Sicheres.

Wenn ich zu schnell in neue Gestalten hineinspringe, bevor sie sich deutlich herausgemacht haben, dann wird mein Leben unsicher, unauthentisch, leichtfertig, spannungsgeladen.

Wie ich mit Gestalten umgehe, ist also ein sehr wichtiger Teil der Entscheidung, wie mein Leben sein wird.

3

LERNEN, ICH SELBST ZU SEIN – NICHT, WIE ICH SEIN SOLLTE

Wenn es nun so aufregend ist und Wachstum bedeutet, neue Gestalten zu formen, warum tun wir es dann nicht immerfort?

Es gehört einiges dazu, um neue Gestalten zu bilden.

Du mußt es *wagen*, alte Gestalten zu zerstören.
Du mußt *wagen*, Unbekanntem ins Gesicht zu sehen.
Du mußt in der Lage sein, deine *Ungeduld* auszuhalten, solange eine neue Gestalt noch nicht verfügbar ist.
Du mußt *wagen*, Angst zu bekommen, weil deine neue Gestalt noch feststeckt, während du die Unangemessenheit der alten bereits fühlst.
Du mußt deine *Furcht* davor *wagen*, nach einer neuen Vervollständigung zu suchen, während du unsicher bist, ob du sie finden wirst.

Mitunter werden die Prozesse der Vermeidung von Wachstum »neurotisch« genannt. Aber derselbe Vorgang, der Wachstum in einer Hinsicht verhindert, kann zu Wachstum in einer anderen Hinsicht führen, und deshalb möchte ich mich vor Etikettierungen hüten.

Wie die Gestalt sich ändert, so ändert sich die Bedeutung.

Um über das Selbstsein mit dir ins Gespräch zu kommen, möchte ich mit dir über die Freude reden.

Als du ein Baby warst und genauso, als ich ein Baby war, bestand ein großer Teil unserer Welt darin, Freude zu empfinden, Freude zu finden und möglichst zu verhindern, daß die Freude vorbeiging.

Was denn für Freuden?

es warm haben
gehalten werden
an Mutters Brust saugen
herumgucken
mit den Fingern spielen
sich voll fühlen
scheißen
mit den Geschlechtsteilen spielen
mit dem Körper spielen
einschlafen

Jetzt kommt der traurige Teil.

Wie viele von diesen Freuden sind noch heute Freuden für dich?

Ich wette, nicht sehr viele.

Was geschah mit deinem Genuß jener frühen, mächtigen und einfachen Freuden?

Sehr wahrscheinlich gabst du sie auf, um deinen Eltern zu gefallen. Du fingst an, sie kindisch, falsch, schlecht oder albern zu finden.

Oder vielleicht hast du sie nicht abgelegt, aber man darf sie heute nur insgeheim genießen, etwas, das man tut und wofür man sich dann schuldig fühlt.

Oder man schämt sich deswegen.

Oder man ekelt sich davor.

Anders gesagt, du hast freudvolle Teile von dir selbst aufgegeben, weil du deinen Eltern Freude machen wolltest.

Wie ist das geschehen?

Um die Freude zu erleben, deinen Eltern Freude zu bereiten – um ihnen zu zeigen, was für ein gutes Kind du bist –,

gabst du die frühen, mächtigen und
einfachen Freuden auf, um ein neue
Freude zu erlangen:
Mami und Papi zu erfreuen.

Indem du mit zwei verschiedenen Sorten von Freude zu tun bekamst, erlebtest du einen *Konflikt.*

Konflikte sind schmerzlich:

Ich möchte einer Person treu sein,
und ich will mit vielen ausgehen.

Ich will viele Freunde,
und ich will meinen Ärger loswerden.

Ich will eine Menge Geld,
und ich will es nicht so schwer haben.

Ich will gewinnen,
und ich will niemandem wehtun.

Um einen Konflikt loszuwerden, komme ich manchmal zu vorschnellen Lösungen.

Ich beschließe, daß die eine Seite *richtig* und die andere *falsch* ist.

Ich beschließe, die falsche Seite zu vergessen.

Aber weil die Lösung vorschnell ist, Schwindel, unfertig, muß ich Unmengen von Energie einsetzen, um nicht mehr an die *falsche* Seite zu denken.

Angesichts von Konflikten entscheidet ein *guter* Mensch:

treu zu sein,
seine Freunde zu behalten,
hart zu arbeiten,
seinen Wetteifer zu bremsen.

Anders ausgedrückt, er versucht, seine Eltern zu erfreuen.

Aber die frühen, frischen, einfachen und mächtigen Freuden sind weiter da, weiter lebendig.

Nur, er kann sich nicht mehr erlauben, an sie zu denken.

Um

Konflikte zu vermeiden,
eine Lösung zu schaffen,
die Eltern zu erfreuen,
sich reif zu fühlen,
sich überlegen zu fühlen,
sich gut zu fühlen,

wenden sich die meisten Menschen von vielen wichtigen Freuden ab, mit denen sie noch nicht fertig sind. Sie unterbrechen ihre Freude oder sie sperren sich vielleicht dagegen zu wissen, was ihnen Freude macht.

Und sie lernen dies, indem sie zunächst die *Vorstellung* von irgendjemand über

gut und schlecht,
falsch und richtig,
unschuldig und schuldig,
tugendhaft und sündig

hinunterschlucken.

Und wenn sie schließlich alles mögliche geschluckt haben,
was unverdaulich ist, dann haben sie fortan

Magenschmerzen,
Durchfall,
Kopfschmerzen,
Völlegefühle,
Ekel,
Übelkeit.

Wenn du die Vorstellungen von jemand anders über
Freude geschluckt hast,

dann hast du deine eigenen Ansätze von

Wachstum,
Entwicklung,
Erregung,
Freude

unterbrochen.

Wenn du deine eigene Empfindung von Freude, gutem Selbstgefühl, ganzheitlichem Selbstempfinden wiedererlangen willst –

Wenn du herausfinden willst, wie du dich heute fühlst, nicht, was man dich zu glauben gelehrt hat –

Wenn du weiterwachsen willst –

> dann wirst du zurückgehen müssen und das aufgeben, was du nur in dich *hineingeschluckt* hast, und du wirst lernen müssen, wieviel du wirklich *verdaut* hast.

Die meisten Leute sind *nicht* dessen *gewahr*, was und wieviel sie geschluckt haben. Die meisten betrachten das, was sie heruntergeschluckt haben, als das Naturgegebene.

Ein wichtiger Aspekt meiner Arbeit ist es, dir dabei zu helfen herauszufinden, was du alles ohne nachzudenken geschluckt hast, das dir immer noch Magenschmerzen bereitet.

Eine gute Möglichkeit, dessen gewahr zu werden, wieviel du geschluckt hast, ist, darauf zu achten, wie häufig du folgende Wörter benutzt:

müßte
sollte
hat zu
muß
immer
niemals

Andere Wörter, die hinuntergeschluckte Vorstellungen anzeigen, sind:

verrückt
schmutzig
krank
verdorben
böse
anrüchig
widerlich
krankhaft

Sexualität ist einer der Schauplätze, wo wir eine Menge zu schlucken kriegen. Daher werden wir Sex als Beispiel dafür nehmen, wie wir mehr wir selbst werden können, anstatt nur, wie wir sein sollten.

Laß uns daher eine ganze Reihe von Sätzen über die typischen Annahmen zusammenstellen, wie Menschen sexuell sein sollten.

Ich soll rein und sauber sein.
Du solltest niemals onanieren.
Ich muß unberührt bleiben, bis ich heirate.
Du solltest vor und nach dem Beischlaf immer duschen.
Sex ist so anrüchig und schwitzig.
Wer an analen oder oralen Verkehr denkt, ist krank im Kopf.
Was ist dies für ein verdorbenes Buch. Voll von ekelhaften sexuellen Vorstellungen!

Hast du anhand dieser »geschluckten« Worte und ihrer Verbindung mit Sex eine ganze Reihe von Gefühlen?

Laß uns noch ein paar weitere suchen.

Ich gebe jetzt einige geschluckte Vorstellungen so wieder, als ob sie heilig wären, als ob sie von Gott selbst stammten, als ob sie göttliche Gebote wären, denen man ohne Nachdenken zu folgen hätte.

Sex außerhalb der Ehe ist falsch.
Onanie ist schlecht.
Homosexualität ist böse.
Liegt der Mann beim Geschlechtsverkehr unten und die Frau oben, so ist das pervers.
Usw.
usw.
usw.

Woher stammen alle diese Vorstellungen?

Manche Menschen sind schnell durcheinander,
empfinden schnell Schuld,
Scham,
Ekel.

Manche Menschen sind rechthaberisch.

Manche Menschen leiden sehr viel.

Manche Menschen wollen perfekt sein.

Manche Menschen suchen nach idealen Situationen.

Manche Menschen sind zu gut, zu nett.

Menschen mit diesen Eigenheiten haben wahrscheinlich mehr geschluckt, als sie verdauen können.

Falls du auch so fühlst,

hast du wahrscheinlich zu viele Vorstellungen in dich hineingeschluckt, die nicht wirklich ein Teil von dir sind.

Es könnte dir sehr hilfreich sein, das wiederzuentdecken, was du geschluckt hast.
Das ist nicht immer leicht.
Der Grund dafür, warum du dir das anschauen mußt, was du geschluckt hast, ist, daß du eine Art Verdauungsstörung hast.

Noch ziehst du es möglicherweise vor, dein Wachstum zu verhindern, anstatt die unangenehmen Gefühle in Kauf zu nehmen, die womöglich bei der Inspektion dessen aufkommen könnten, was einst so leicht zu schlucken war, um die elterliche Anerkennung zu ernten.

Kinder versuchen mitunter so sehr, ihren Eltern zu gefallen, daß sie vorwegnehmen, wie ihre Eltern irgend etwas empfinden; und sie plagen sich dann nicht mehr damit, es wirklich herauszufinden.

Etwa: »Ich weiß einfach, daß meine Eltern Onanieren mißbilligen, also fühle ich mich deswegen schuldig.«

Manche Eltern sehen das in Wirklichkeit anders, aber das Kind hat bereits eine vorschnelle Antwort und ist damit festgefahren.

Einer der Vorzüge der Schuld ist, daß du etwas tun kannst, das du willst – schwänzen, durch's Schlüsselloch spähen, wenn die Eltern im Bad sind, Zigaretten rauchen –, und dann kannst du für dein Vergnügen bezahlen, indem du sagst: »Oh, ich bin ein schlechter Mensch. Ich bestrafe mich, indem ich schuldig bin. Siehst du, ich bin eigentlich besser als die Dinge, die ich tue.«

So, und jetzt kommt der schwere Teil.

Falls du die Vorstellungen, die du geschluckt hast, in Frage stellen willst,

dann mußt du dich darein schicken, es mit

deinem Ekel,
deiner Scham,
deiner Furcht,
deiner Angst,
deinem Zorn

zu tun zu kriegen.

Um eine neue Gestalt zu erreichen,

mußt du einverstanden sein, all die Sätze auf den vorausgegangenen Seiten, die sich mit Sexualität befassen, aufzugreifen, und versuchen, ihre Bedeutung umzudrehen.

Zum Beispiel:

Ich will nicht reinlich und sauber sein.
Ich onaniere gern.
Ich denke nicht daran, vor oder nach dem Beischlaf zu duschen.
Ich finde vorehelichen Geschlechtsverkehr wunderbar.
Usw.
usw.
usw.

Wenn du dich dabei schlecht fühlst, hörst du einfach auf.

Worum es geht, ist klar.

Viele Vorstellungen über Sexualität, die einmal geschluckt wurden, bleiben in uns und unterdrücken unsere Erregung und unser Wachstum.

Genauso hindern viele geschluckte Ansichten über

Gerechtigkeit
Gesetz und Ordnung
Regierungen
Gesundheit und Krankheit
menschlichen Geist
Menschenschicksal
Diät
Sauberkeit

uns am Wachsen. Aber wenn du über dies Feststecken in geschluckten Ansichten oder Gefühlen hinauskommen willst, gerätst du womöglich an andere unerfreuliche Gefühle. Ein Teil des Gewinnes, für den du zahlst, – indem du geschluckte Vorstellungen der Suche nach deinem eigenen Weg vorziehst – ist, daß du Konflikte vermeiden kannst. Du mußt für dich selbst entscheiden, ob du lieber steckenbleiben *oder* ob du unangenehme Gefühle wagen und wachsen willst.

Möchtest du es wagen, für dich selbst herauszufinden,

was du magst und was du nicht magst,
was sich gut anfühlt und was nicht,
wie du dein Leben für dich selbst leben
möchtest?

Kannst du dein Leben anschauen und entscheiden,

wer du bist,
wie du dich fühlst,
was du magst,
was du willst,
ob du versuchen willst, es zu bekommen,
womit du zufrieden bist?

Und schließlich sind deine Antworten deine ganz eigenen, nur für dich selbst, und du findest sie nur für eine einzige Person – und das gilt für jeden einzelnen von euch allen.

Nicht, damit jede und jeder da hineinpaßt, nicht für den gesamten Kosmos. Nur für dich.

4

WAS ICH ÜBER MICH LERNEN KANN, WENN ICH MICH ÄRGERE UND ANDERE BESCHULDIGE

Im letzten Kapitel haben wir uns mit Vorstellungen und Gefühlen beschäftigt, die du von anderen geschluckt hast und nicht verdauen konntest.

Jetzt werden wir Vorstellungen, Gedanken und Gefühle anschauen, von denen du nichts wissen willst, die du loszuwerden versuchst und von denen du gern behauptest, sie hätten mit dir nichts zu tun.

Warum machst du das?

Natürlich kann ich das nicht mit Sicherheit sagen. Gestalttherapeuten sind nie sicher bei Fragen, die auf *Warum* lauten. Aber ich kann spekulieren.

Um auf gutem Fuß mit mir selbst zu stehen, bevorzuge ich es, mich selbst für einen guten, gerechten, sanftmütigen, netten, liebevollen, vertrauenswürdigen Menschen zu halten.

(Aber da ich mit mir selbst zusammenlebe, habe ich zwangsläufig eine ziemlich klare Vorstellung davon, daß das nicht immer der Fall ist.)

In einsamen Nächten

räume ich manchmal ein:

Kann sein, ich bin gar nicht so

liebevoll,
freundlich,
sanftmütig,
vertrauenswürdig,
nett,
gut,
rechtschaffen,
vernünftig.

Aber nur manchmal, nachts, allein.

Und manchmal, um all diesen Dingen Raum zu geben,
schlafe ich wohl ein.

Und diese Gefühle und Vorstellungen treten dann
womöglich in Träumen verkleidet wieder auf.

Ich habe Angst, diese Teile von mir anzunehmen, also versuche ich, meine Verbindungen zu mir selbst zu kappen, und statt dessen

WERDE ICH ÄRGERLICH UND BESCHULDIGE ANDERE DAFÜR.

Das hat zur Folge, daß es mir besser geht, denn dann brauche ich nicht einzugestehen, daß diese »schlechten« Gefühle oder Gedanken ein Teil von mir sind.

Ich bin gut. *Ihr* seid es, die schlecht sind und diese fiesen Gedanken und miesen Gefühle habt.

Dies ist ein hammerhartes Kapitel. Behalte das im Kopf, während du die Experimente durcharbeitest. Erinnere dich, daß wir entdecken wollen, was du davon hast, ärgerlich zu werden und andere dafür zu beschuldigen.

Hier ist ein hammerhartes Experiment:

> Denke an die Person, die du auf der ganzen Welt am meisten haßt.
>
> Führe sie dir vor Augen. Spüre, wie angewidert du in ihrer Gegenwart bist, wie du von ihr fortstrebst.
>
> Zähle dir selbst all die Dinge auf, die du an ihr so hassenswert findest.
>
> Hole alle deine Gefühle herauf, die diese Person betreffen.

Und jetzt laß uns etwas anderes ausprobieren.

Denke an die verschiedenen ethnischen Minderheiten in diesem unserem Land.

Welche Schimpfnamen fallen dir zu ihnen ein?

Und nun fordere ich dich auf, ihnen all die Charaktereigenschaften zuzuschreiben, die du nicht ausstehen kannst.

Stell dir dabei vor, du bist ein bigotter Mensch. Die meisten von uns sind es in geringerem oder größerem Maße, auch wenn wir gar nicht gerne so von uns denken.

Halte nichts zurück.

Laß alles heraus.

Jetzt halte eine Minute inne.

Wie fühlst du dich?

Platzt du fast vor Zorn, bist du voller Schuldgefühle, schwarz vor Wut, blaß vor Elend über alle diese schrecklichen Empfindungen?

Dann ist es genau das, womit ich dich aufgefordert habe, in dir selbst Berührung zu suchen, und du kannst auch stolz sein, daß du meinen Anweisungen gefolgt bist. Sie sind für viele Menschen nicht einfach.

Schau, ob du etwas daraus gewinnen kannst, daß du es riskiert hast, all diese Gefühle aufzubringen.

Und nun laß uns zu dem ersten Experiment zurückgehen: zu der Person, die du nicht ausstehen kannst.

Haßt du sie, weil sie:

verlogen und heuchlerisch ist,
ein dreckiger Gauner, ein Betrüger – oder eine miese Schwindlerin und Hochstaplerin,
gemein und grausam,
immer ärgerlich, ewig nörgelnd, untreu und auch noch über dich klatscht,
schäbig, pfennigfuchserisch, versoffen ist,
geil, zu scharf, faul,
immer gefallsüchtig,
immer nur auf den eigenen Vorteil bedacht und so dämlich, daß es nicht auszuhalten ist,
weil sie mit Geld um sich schmeißt, als käme es gerade außer Mode,
oder weil sie niemals locker oder mal besoffen ist,
weil sie zu viel lächelt
oder zu wenig lächelt?

Nun kehre wieder zu deinen bigotten Empfindungen zurück.

Wie viele von ihnen sind die gleichen oder ähnlich wie deine Gefühle der Person gegenüber, die du so sehr haßt?

Viele davon?

Denk darüber nach.

(Erinnerst du dich, daß ich dich im ersten Kapitel aufgefordert habe zu versuchen, nicht zu bewerten, sondern zu akzeptieren, was passierte, als du ein Experiment mit dem Hier und Jetzt machtest?)

Jetzt laß uns ein weiteres Experiment versuchen.

Denk an die Person, die mehr als sonst irgendein Mensch über dich weiß. Falls es solch eine Person nicht gibt, erfinde sie.

Dieser Mensch weiß all die peinlichen, miesen Dinge, die du gemacht hast, die aber sonst keiner weiß. Er durchschaut dich völlig, er kennt die ganze Wahrheit, alle deine Geheimnisse.

Und nun, was sind die schlimmsten Sachen, die er über dich sagen kann?

Denk darüber nach.

Ist das nicht spannend?

Jetzt nimm alles, was du an dir selbst nicht ausstehen kannst und vergleiche es mit dem, was du an der Person haßt, die du verabscheust, und an den Minderheiten, die dir ein Greuel sind.

Wieviel von diesen Aufzählungen stimmt überein?

Kann es sein, daß alle drei Listen im wesentlichen dieselbe Person sind:

DU?

Wovor du dich selbst schützt, und zwar in allen drei Fällen, ist, die Teile deiner selbst anzuschauen, die du nicht magst, nicht annimmst, dir nicht zu eigen machst.

Was du tust, ist, jemanden dafür zu hassen, daß er der Mensch ist, der zu sein du dich fürchtest.

Kannst du zugeben, daß du womöglich jemand anders für das haßt, was du an dir selbst haßt; daß du jemand anders anstelle dessen haßt, was du in dir selbst fürchtest oder vermißt?

So verlierst du Teile deiner eigenen Gefühle, Teile deiner eigenen Vorstellungen.

Du fühlst dich besser, indem du sie so betrachtest, als gehörten sie zu jemand anders oder zu etwas anderem.

Welche Teile der Liste haben *überhaupt gar nichts* mit dir zu tun?

Bist du sicher?

Wirklich?

Gut, dann lege diese Eigenschaften beiseite.

Und, wie sinnvoll ist dies alles jetzt?

Wie viel von dir selbst kannst du begreifen?

Ich habe dich zu Beginn dieses Kapitels gewarnt, daß es schwer würde. Ist es zu hart?

Du merkst, daß dies Kapitel es mit *Projektionen* zu tun hat, einer sehr ernsten Beeinträchtigung deiner Möglichkeiten, dein Leben zu leben, die die Gefahr birgt, daß du Beziehungen ruinierst.

Möglicherweise findest du diese Experimente nicht besonders sinnvoll, wenn du sie zum ersten Mal machst. Das ist normal.

Probier es ein andermal wieder.

Laß sie eine Zeit lang in deinem Kopf kreisen, aber beunruhige dich möglichst nicht ihretwegen.

Denk daran, du bekommst gerade erst einen Vorgeschmack, ein Scheibchen von der Gestalttherapie, und nicht das ganze Menü.

Falls du durch diese Experimente offener für dich selbst wirst, so bedeutet das noch nicht, daß du alles auf einmal erledigen mußt. Du kannst so viel oder so wenig machen, wie du magst. Du selbst bist verantwortlich dafür.

Für dich selbst. Dafür, wie du dieses Buch nutzt.

Wenn du über die Experimente in diesem Kapitel nachdenkst und nachgrübelst, wirst du vielleicht gewahr, daß manche wesentlichen Probleme in deinem Leben nicht deshalb entstehen, weil andere gemeine Ekel sind, sondern weil du wütend bist und sie für das beschuldigst, was dich an dir selbst aufregt.

Wenn du das packen kannst, so wird es dich vielleicht, selbst wenn du auch noch manches andere an dem Experiment verwirrend oder schwierig findest, gepackt haben zu verstehen, daß es nicht so sehr die Welt ist, die so widerwärtig und gemein ist, sondern daß du selbst eine Menge damit zu tun hast, dir deine eigene Welt zu erschaffen.

Das kann bedrohlich sein, es kann aber auch befreiend sein.

Laß uns weitermachen.

Probiere jetzt einmal etwas anderes aus.

Nimm jede der Eigenschaften, die du gegen andere vorgebracht hast, und versuche nun, sie zu verteidigen, versuche, sie zu rechtfertigen, versuche zu sehen, wann sie nützlich ist, wann es gut ist, sich so zu verhalten oder so zu sein.

Erinnerst du dich an meine Liste? Du haßt jene Person, denn:

> Sie ist unehrlich.
> Sie ist ein Gauner, eine Schwindlerin.
> Sie ist gemein und grausam.
> Sie ist immer nur auf den eigenen Vorteil bedacht.
> Usw.
> usw.
> usw.

Ich helfe dir jetzt ein bißchen.

Manchmal ist es gut, unehrlich zu sein, denn:

Du kannst dich so gegen Leute schützen, die dich betrügen wollen.

Du kannst erreichen, daß die Leute dich mögen. Jeder Mensch braucht Freunde, sogar du.

Du kannst dadurch vermeiden, die Gefühle anderer zu verletzen. Ehrlichkeit kann mitunter viel Leid verursachen.

Niemand muß *so* viel über meine Angelegenheiten wissen. Ich mag meine Geheimnisse.

Usw.

Erinnere dich, ich habe vorgeschlagen, »Ich hasse diese Person, weil sie immer nur auf ihren Vorteil bedacht ist«.

Nun, wie wäre es mit einer guten Verteidigung dafür:

Es ist gut, so richtig gerissen zu sein, denn:

Du kannst dich selbst schützen.
Du mußt verstehen können, was in den Köpfen anderer vor sich geht.
Du hast größere Gewinnchancen.
Du kannst dich besser durchsetzen.
Du kannst Probleme lösen.
Du machst weniger Fehler.
Du kannst dich so darstellen, daß andere dich mögen.
Usw.
usw.
usw.

Probiere nun noch einmal etwas anderes aus.

Versuche, ob du sagen kannst, »Ich bin stolz …«

und dann fügst du alle die Eigenschaften hinzu, die dir so gänzlich unakzeptabel erschienen.

Mach weiter. Versuche einfach, es zu sagen, auch wenn du denkst, du kannst es nicht vertreten, mach einfach weiter und sage:

> Ich bin stolz darauf, unehrlich zu sein.
> Ich bin stolz auf meine Fähigkeit zu betrügen.
> Ich bin stolz darauf, gemein und grausam zu sein.

Fahre mit der Aufzählung fort.

Mit deiner Aufzählung. Nicht mit der, die ich angeführt habe.

Versuche es mit beiden Listen.

Und dann schau, was passiert.

Es führt noch ein anderer Weg zum selben Ziel. Kann sein, du findest dies Experiment leichter und lustiger als das letzte.

Ich möchte, daß du das eine, einzige Ding herausfindest, welches dir bei dir zu Hause am allermeisten gefällt und dich am allermeisten freut. Schau dich aufmerksam um, laß nichts aus. Nimm dir so viel Zeit, wie du brauchst.

Und jetzt zähle auf, was du am meisten daran magst. Was sind die Eigenschaften, die du schätzt?

Und jetzt möchte ich, daß du dasjenige Ding ausfindig machst, das du haßt, das du hinausschmeißen willst.

Mach damit dasselbe – bedenke alles, was du an dem Ding, das du ausgesucht hast, nicht ausstehen kannst.

Kannst du glauben, daß die Eigenschaften, die du an dem Ding aufgezählt hast, das du so gern mochtest, identisch mit dem sind, was du an dir selbst magst?

Paßt deine Beschreibung zu dem, was du an dir selbst gernhast?

Und nun zu der zweiten Liste – das Ding betreffend, das du nicht leiden kannst. Ist das eine Liste von Dingen, die du an dir selbst nicht leiden magst?

Wir verlieren oft das, was wir für uns selbst empfinden – Gutes wie Schlechtes –, und dann finden wir es in anderen wieder, ohne zu verstehen, wie es dahingekommen ist.

Wir haben es dahin versetzt, oder so lange gesucht, bis wir es dort fanden.

Geh zurück zu den Objekten deiner Zuneigung und deiner Abneigung. Beachte, daß sie andere Eigenschaften haben als jene, die du dir selbst ausgewählt hast.

Könnte es von Interesse sein zu wissen, daß ein gehöriger Teil von dem, wie die Welt ist, eigentlich daher kommt, wie du sie betrachtest, welche Antworten du bereits hast, aber weiter dort draußen zu finden versuchst? Stell dir vor, daß dein Bild der Welt da draußen ein Selbstporträt ist.

Ebenso ist alles, was du *fühlst*, wenn du verlorene Gefühle und Vorstellungen wiederzufinden versuchst, ein wichtiger Teil von dem, was jetzt gerade mit dir geschieht.

Was du zu ebender Zeit *fühlst*, in der wir nach dem schauen, *was du verloren hast*, hilft uns, den nächsten Schritt zur Wiederentdeckung jenes Teils von dir zu gehen, der verlorengegangen ist.

Anders gesagt, wir arbeiten, um deine Gestalt von dir selbst zu verändern. Wir versuchen dabei, dein Selbstverständnis zu erweitern, auch wenn das bedeutet, an eine Grenze zu kommen.

Wir haben alle unsere Grenzen, und wir alle müssen sie akzeptieren.

Eine wichtige Aufgabe, um bei mir zu sein (bei wem anders könnte ich sonst sein?), ist, daß ich

meine Grenzen akzeptieren muß

(was ich nicht ändern kann
oder
was ich nicht ändern will)

oder

meine Möglichkeit zu Veränderungen akzeptieren muß,

selbst wenn das

EINIGE

harte Arbeit,
Schmerzen,
Spannungen,
Ängste
etc.
bedeutet.

Therapie schließt all diese Dinge ein.

Und obwohl ich dir helfen kann, so daß du nicht intensiver mit

harter Arbeit,
Schmerzen,
Spannungen,
Ängsten

zu tun haben mußt, als du selber zu akzeptieren bereit bist (das heißt, ich respektiere deine Grenzen), so wirst du wahrscheinlich riskieren, diesen unangenehmen Gefühlen zu begegnen, und wirst weitermachen wollen.

Manche Stücke der therapeutischen Arbeit werden lustig und spannend sein, andere werden traurig und schmerzlich sein.

Das ist auch nicht leicht zu akzeptieren, aber vieles von dem, was Therapie ist, hängt von *dir* ab, was *du* daraus machst.

Du selbst erschaffst in großem Maße, was und wie deine Therapie sein wird.

Eine Grenze deiner Therapie wird in meinen eigenen Grenzen bestehen.

Aber kein Therapeut redet darüber gerne.

Ich auch nicht.

Aber wenn du versuchst, mich zu akzeptieren,

so wie ich versuche, dich zu akzeptieren,

dann kann ich auch versuchen, diese Seiten von mir wiederzufinden.

5

WIE ICH VERMEIDEN KANN, MICH GEGEN MICH UND MEINEN KÖRPER ZU WENDEN

Viele Menschen möchten ihren Körper vergessen.

Sie wollen in ihren Köpfen leben.
Sie wollen oberhalb des Nackens leben.
Sie vergessen, daß sie Hände haben. Sie sind ungeschickt; sie funktionieren nicht.
Sie wollen ihre Leiber und Glieder vergessen. Sie sind schwach.
Sie wollen ihre Geschlechtsteile vergessen. Sie machen zu viel Ärger.
Sie wollen ihre Hintern vergessen. Sie wollen nicht wissen, daß sie scheißen.
Sie wollen ihre Lungen vergessen. Sie wollen sich nicht mit dem Atmen herumplagen.

Aber wir *sind* unser Körper.

Wir sind unser Körper, aber wir sind nicht nur unser Körper.

Wir können ohne unseren Körper nicht existieren.

Warum wir eigentlich versuchen, unseres Körpers ledig zu werden, kann ich nicht definitiv sagen. Ich kann nur meine Sicht der Dinge darlegen und sagen, was dafür spricht.

Du kannst es dann selbst »kauen« und gucken, ob es gut schmeckt, und wenn nicht, spuckst du es aus.

Es ist *dein* Leben. Es ist *dein* Körper.

Mit *dir* mußt du zu Rate gehen, sehen, wie *du* dich fühlst, was *du* denkst, was *du* glaubst, was *dir* sinnvoll erscheint.

Um zu leben, muß ich mit der Welt, mit meiner Umwelt umgehen.

Zugleich bin ich aber auch Teil dieser Umgebung.

Wenn ich atme, sauge ich Luft ein und stoße Luft aus. Ich bin Teil meiner Umgebung.

Wenn ich liebe, so nehme ich jemand, ein Gegenüber, und ich nehme ihn, oder es, in mich auf, und ich mache etwas damit. Ich füge ihm Liebe hinzu, und auf diese Weise verändere ich meine Umwelt.

Anders gesagt, *ich* bin stets aktiv, ein Teil meiner Umgebung, meine Umgebung erschaffend, meine Umgebung verändernd, von meiner Umgebung begrenzt.

Der Großteil meiner Verwicklungen mit mir selbst und meiner Umwelt geschieht entweder durch

meinen Körper

oder

meine Persönlichkeit.

Eine Menge meiner Berührungen mit meiner Umgebung bedeuten Destruktion.

Eine Menge bedeuten Aggression.

Ich atme gute Luft ein und atme schlechte aus.
Ich nehme Nahrung auf und gebe Scheiße ab.
Ich will Sex, und oft sieht das wie Vergewaltigung aus.
Ich werde ärgerlich, und oft erscheint das wie Zorn
oder Totschlag.
Ich beginne, mich zu langweilen, und das heißt,
eigentlich will ich verändern, was gerade geschieht.
Ich beginne, genervt und angeekelt zu sein, und das
heißt, ich will das loswerden, was andauernd
weitergeht, ich will davon loskommen.

Ich habe gelernt,

Scham,
Ekel,
Peinlichkeit,
Schuld

über

meinen Mundgeruch,
meinen Körpergeruch,
meine Scheiße,
den Dreck unter meinen Fingernägeln,
die Haare unter meinen Armen,
meine langen Zehennägel,
einen Tropfen an meiner Nase

und mit Sicherheit über

meine Geschlechtsteile,
meine Intimgerüche

zu empfinden.

Jetzt kommt eine Anweisung.

Eine direkte, platte ANWEISUNG.

Wann immer du dich

beschämt,
peinlich berührt,
schuldig

fühlst: Versuche, das nicht zu bremsen, ganz gleich, was in dem Augenblick mit dir geschieht.

Wenn du deine Scham, Verlegenheit, Schuld *in eben jenem Moment* annehmen *und damit weitergehen* kannst, wirst du lauter aufregende neue Dinge erfahren.

Beispiele:

Wenn du jemand zum ersten Mal triffst,

versuche zu erreichen, daß deine *Verlegenheit* dich nicht davon abhalten kann, diese Person kennenzulernen.

Wenn du eine fremde Stadt oder ein unbekanntes Land besuchst,

versuche zu erreichen, daß deine *Scham* oder Furcht, weil du die Sprache nicht beherrschst, oder deine Schwierigkeiten, keine Ahnung zu haben, wo was ist, nicht zur Folge haben, daß du es nicht wagst, jene Stadt oder jenes Land genauer kennenzulernen.

Wenn du ein neues Buch liest oder ein neues Stück siehst,

versuche zu erreichen, daß dein *Ekelgefühl* nicht die Bedeutung erlangt, daß du nicht mehr herausfindest, was dich im Augenblick bedroht.

Wenn du mit jemand schläfst,

versuche zu erreichen, daß deine Scham, Verwirrung oder *Schuldgefühle* dich nicht davon abhalten können herauszufinden, welche Gefühle es noch in dir gibt, wie Vergnügen, Liebe, Erregung, Freude.

Sei also bitte deines Schamgefühls, deines Widerwillens, deiner Schuld und deiner Verwirrung *gewahr,*

ABER halte dort NICHT inne.

Akzeptiere deine Scham und alles andere, fahre einfach fort und *sieh zu, was noch* in jenem Moment gegenwärtig ist.

Ich vermute, daß du außer deinem Schamgefühl usw. eine Unmenge anderer Gefühle finden wirst, die zu wichtig für dich sind, als daß du sie durch die negativen Gefühle schlucken läßt.

Erst als Kinder lernten wir, beschämt, verlegen oder schuldig zu sein. Babies werden ohne diese Gefühle geboren.

Diese starken negativen Gefühle sind sehr mächtige Mittel, um Kinder zu lehren, was von ihnen erwartet wird.

> Mach nicht in die Hosen – das tun nur Babies.
>
> Hör auf zu weinen – das tun nur Mädchen, Feiglinge oder Babies.
>
> Verkleckere dein Essen nicht – nur Babies tun sowas.

Diese mächtigen negativen Gefühle werden übermächtig. Irgendwann verlierst du die Kontrolle darüber und beschwörst sie gewohnheitsmäßig herauf, obwohl sie vielleicht gar nicht angemessen sind.

In diesem Kapitel hast du die Chance, zu überprüfen, wie deine machtvollen negativen Gefühle dich dahin bringen, dich gegen dich selbst und deinen Körper zu wenden.

Aber da sind noch viele andere eher körperliche Weisen, wie du dich vielleicht davon abhältst, mehr von deiner Umwelt für dich zu bekommen.

Du gebrauchst vielleicht deinen Körper, um dich selbst davon abzuhalten, der Umwelt das anzutun, was man dich als schlecht oder erschreckend oder gefährlich oder was immer anzusehen gelehrt hat.

Ein paar Beispiele:

Eine junge Frau kommt zu mir, sehr stolz auf ein Bild, das sie soeben gemalt hat. Sie sagt, daß ihr Kopf sich geschwollen anfühlt. Er ist zu groß für ihren Körper. Dann setzt sie dieses Gefühl in Beziehung. Sie hat einen geschwollenen Kopf. Sie darf keinen Stolz fühlen. Sie schämt sich, stolz auf ihr Bild zu sein, weil man ihr beigebracht hat, daß sie nicht angeben oder prahlen darf. Ihr Kopf fühlt sich jetzt an, als habe er eine eigenartige Sondergröße.
Sie hat sich selbst, ihrem Kopf, angetan, was sie in ihrer Umgebung nicht tun konnte: sich groß, überlebensgroß zu fühlen und ohne Scham oder Peinlichkeit oder Schuld stolz auf sich selbst zu sein. Stattdessen bestrafte sie sich lieber für ihren Stolz.

Ein junger Mann erzählt mir, daß er im Schlaf mit den Zähnen knirscht. Er fragt mich, was das bedeutet, was man dagegen tun kann.
Ich fordere ihn auf, jetzt mit den Zähnen zu knirschen. Das Knirschen zu übertreiben. Mir zu erzählen, was er dabei fühlt.
Er tut das. Er schneidet Grimassen. Seine Kiefer arbeiten wild.
WUT.
Er ist zornig, weil er viele Vorstellungen seiner Eltern geschluckt hat, was ein Jüngling zu tun und zu lassen habe. Er erlaubt sich nicht, seinen Ärger zu fühlen (obgleich er es schafft, ihnen nicht zu gefallen), und statt dessen knirscht er mit den Zähnen.

(Wenn er redet, spuckt er die Worte aus.)
(Ich möchte ihm helfen, seine Wut zu spüren und nicht zu befürchten, daß er gleich zum Totschläger wird, wenn er das tut. Und er hat Angst, daß er das gleiche, was er als Kind erlitten hat, nun wieder erleben muß, wenn er sich erlaubt, seiner Wut gewahr zu sein.)

Eine Hausfrau mittleren Alters leidet an Migräneanfällen. Sie begannen in ihrem achten Lebensjahr. Ihr Vater und ihre Mutter hatten auch Migräne. Die Anfälle hat sie geerbt, sagt sie. Sie besucht die besten Ärzte der Welt, die auf Migräne spezialisiert sind, und sie nimmt einen ganzen Medizinschrank voller Mittel.
Die Migränen kommen weiter.
Ich bin nicht ihrer Meinung.
Ich bin überzeugt, daß eine Menge Schmerzen und Leiden Bestechungen sind, mit denen die leidende Person dann versucht, ihre Freunde oder ihre Familie oder sich selbst zu erpressen, damit sie ihren Gefühlen nicht zu begegnen braucht.
Jetzt gerade, als sie an einer Migräne leidet, verspotte ich sie mit dieser Einstellung ihrer Migräne gegenüber. Sie wird wütend, nennt mich ein Ekel, holt aus, um mich zu schlagen.
Und siehe da, ihr Kopfschmerz ist fort. Sie ist ein bißchen erschrocken, sehr wütend und sehr lebendig.
(Sie lernte vor langer, langer Zeit, daß sie unartig sei, wenn sie wütend sei, also wendet sie ihren Zorn jetzt gegen sich selbst und erlebt ihn als einen Migräneanfall. Sie hat ihre Wut, ihre Scham und die dazugehörigen Schuldgefühle in einen Kopfschmerz verwandelt.)

Eine junge Frau ist wütend, weil ihr Liebhaber ohne sie weggefahren ist. Aber sie liebt ihn und kann sich selbst nicht zugestehen, wütend auf ihn zu sein. Während er also fort ist, entwickelt sie eine Migräne und schreckliche Magenkrämpfe. Als er zurückkehrt, sind die Kopfschmerzen und die Krämpfe verschwunden. Aber in der nächsten Woche, als er auf einer Geschäftsreise ist, sind sie wieder da. Noch weigert sie sich, mit ihm von ihrer Einsamkeit, Eifersucht und Wut zu sprechen.

Jetzt möchte ich deine Aufmerksamkeit auf deinen eigenen Körper richten.

Wie ich zu Beginn dieses Kapitels sagte, sind wir unser Körper (obgleich wir nicht nur unser Körper sind).

Viel zu oft nehmen wir unseren Körper als etwas Selbstverständliches hin. Vergessen, daß er da ist. Ignorieren ihn.

Du läßt all das sein. Und zwar jetzt sofort.

Konzentriere dich zunächst auf deinen Körper.

Denke an alle Einzelheiten, die du an deinem Körper nicht magst. Zum Beispiel,

deine Taille ist zu dick,
deine Beine sind zu kurz, zu dick, zu dünn, zu lang,
dein Haar ist zu lockig oder zu glatt,
deine Nase ist zu groß oder zu klein.

Die meisten Menschen, die bestimmte Teile ihres Körpers nicht mögen, reden eigentlich nicht über ihre Körper, sondern über SICH SELBST.

Probier mal etwas anderes aus.

Nimm dir all jene Teile deines Körpers vor, die du nicht leiden kannst.

Versuche, Wege zu finden, um

sie zu bewundern,
sie zu lieben,
stolz auf sie, ja sogar eingebildet zu sein.

Jetzt versuche noch etwas anderes.

Bedenke und spüre alle die Teile deines Körpers,

die du magst,
auf die du stolz bist,
die du bewunderst.

Verkehre diese Empfindungen in ihr Gegenteil.

Sieh zu, ob du diese Körperteile hassen, verdammen, suspekt finden kannst.

Und nun schau, wie du dich mit dir selbst und deinem Körper fühlst.

Ich möchte, daß du jetzt noch etwas anderes ausprobierst.

Ein einfaches Experiment.

Einfach allerdings nur im Sinne der Anweisungen. Wir werden sehen, ob es einfach *auszuführen* ist.

Leg dich auf den Boden und achte darauf, daß du viel Raum hast, um dich zu bewegen.

Wenn du dich hingelegt hast, liege einfach da. Fühle den Boden unter dir. Laß den Boden dich halten.

Spüre den Boden unter deinem Hintern. Laß das zu, und fühle, wie der Boden deinen Kopf hält. Laß den Kopf auf dem Boden ruhen; halte ihn nicht selbst.

Spüre deine Arme auf dem Boden ruhen, einfach nur daliegen. Fühle den Boden unter ihnen, wie er deine Arme hält.

Dasselbe machst du jetzt mit allen deinen Körperteilen. Mit deinem Brustkasten, deinen Beinen, deinen Füßen.

Und beachte deinen Atem. Nimm zunächst einfach nur zur Kenntnis, wie du atmest. Sei aufmerksam auf deinen Atem.

Und, wenn du dann weißt, wie du atmest, schau, ob du alle Luft aus deiner Lunge stoßen kannst, so daß sie sich hernach wieder neu füllen kann. Setze dies tiefe Atmen fort.

Bis hierher

wird dies alles zusammen ungefähr zwei Minuten dauern.

Aber ich bin gierig. Ich bin be-gierig, daß du so viel wie möglich von alledem hast.

Also mach bitte weiter mit, ganz gleich, was du gerade fühlst, außer wenn es extrem unangenehm ist. Wenn du dich sehr schlecht dabei fühlst, dann unterbrich.

Doch falls weiter mitmachst, so bleibe einfach weiter ruhig auf dem Boden liegen, beachte, wie du atmest und wie du den Boden unter deinem gesamten Körper spürst.

Das machst du wenigstens noch eine Minute lang.

Jetzt kommt der schwierigere Teil.

Wie du da auf dem Boden liegst, tief atmend, sollst du den kleinsten und geringfügigsten Gefühlen in jedem deiner Körperteile Aufmerksamkeit zollen.

Ganz egal wie gering, wie unendlich klein, wie vage.

Und wenn du diese winzigen, winzigkleinen Gefühle in deinem Körper fühlst, so achte darauf, ob du herausfinden kannst, was sie tun wollen, welche kleinwinzigen Bewegungen auch immer es sein mögen, die du machen willst.

Und ohne jede Ordnung, ohne Logik, ohne jeglichen Zweck, ohne irgendeine Bedeutung gibst du einfach nur jedem kleinen Teil deines Körpers, der sich bewegen will, Aufmerksamkeit. Und geh weiter damit. Erlaube dir, diesen Teil deines Körpers zu bewegen.

Und laß die Bewegungen weitergehen. Wenn du sie größer oder stärker werden lassen willst, so laß sie größer oder stärker werden. Laß sie in jede Richtung gehen, die sie einschlagen. Und wenn du das Gefühl hast, es reicht, dann HALT.

Was ist geschehen?

Es hängt ganz allein von dir ab. Wenn du das, was geschehen ist, gut fandest, mach das Experiment noch einmal.

Wenn du das Geschehene nicht gut fandest, so mach das gesamte Experiment noch einmal.

Also, was ist geschehen?

Wenn du locker genug warst, um einfach mit allen Gefühlen in deinem Körper mitzugehen,

dann hast du vielleicht viel von der Spannung gelöst, die du normalerweise mit dir herumschleppst,

du hast womöglich vieles von der Angespanntheit deiner Muskeln losgelassen, die du sonst hältst, ohne selbst auch nur daran zu denken.

Vielleicht wolltest du noch nicht so weit gehen. Und das ist in Ordnung. Doch falls du darüber nachdenkst, was du eigentlich mit dem Experiment gemacht hast, so kannst du erkennen, in welcher Beziehung du zu deinem Körper stehst. Und das ist wichtig zu wissen.

Hast du dem Experiment mißtraut und einfach nur stillgelegen?

Passierte »nichts«? (Bitte beschreibe dies »nichts«.)

Warst du nach wenigen Sekunden ganz woanders?

Fingst du an, dich zu langweilen?

Gerietest du in Spannung?

Hast du dich gefreut, alle diese kleinen Bedürfnisse nach Bewegung zu entdecken, die du spürtest?

Jetzt versuche bitte ein letztes Experiment.

Denke an jemand oder etwas, derdiedas dich *heute* geärgert hat.

Mit *Ärger* meine ich die ganze Palette von Verdruß, Irritation, Abneigung, Wut und Zorn.

Jetzt

nimm dir ein Kissen oder eine Decke.

Falls es ein Kissen ist, stell dir vor, daß es dich geärgert hat und schlage darauf los. Vergewissere dich, daß du tief atmest.

Wenn es eine Decke ist, stell dir vor, sie hat dich verärgert, und, während du nicht vergißt zu atmen, würg sie, wringe, stranguliere sie.

Geh wirklich da hinein. Und wenn du dabei schreien oder brüllen willst, nur zu!

Tu es! Jetzt!

Wenn du wirklich zulassen kannst, daß du ärgerlich wirst, und es dem Kissen oder der Decke gegenüber ausdrücken kannst, dann fühlst du dabei viel Kraft, Macht, Erregung und Erfrischung.

Wenn du dir aber nicht erlauben konntest, das zu tun, dann bist jetzt du deutlicher als zuvor dessen gewahr, wie wichtig es für dich ist, eine sichere Kontrolle über deinen Ärger zu behalten, sogar gegenüber einem Kissen, einer Decke.

Und du bist vielleicht auch dessen gewahr, wie hoch der Preis ist, den du dafür zahlst.

Bitte *mißverstehe nicht,* was ich hier mache.

Falls du deinen Ärger an dem Kissen auslassen konntest, so schlage ich dir *nicht* vor, dasselbe mit dem wie auch immer gearteten Urheber deines Ärgers zu tun.

Ich sage *nicht,* geh hin und greife wen oder was immer an, derdiedas dich geärgert hat.

Aber ich möchte durchaus, daß du eine Vorstellung davon gewinnst, wie viel Energie du brauchst, um deinen Ärger zu kontrollieren.

Ich will, daß du siehst, wie sehr du dich abtötest, indem du den Deckel auf dem Topf hältst.

Ich will, daß du erkennst, wie viel Spannung sich durch so viel Kontrolle aufbaut.

Ich will, daß du begreifst, wie viel Erregung dadurch einfach blockiert wird.

Und wenn wir zusammen arbeiten würden, so würde ich gerne mit dir Wege entdecken, wie du deine Gefühle angemessen ausdrücken könntest, ohne dich dabei gegen deinen eigenen Körper zu wenden,

ich würde gerne mit dir zusammen Möglichkeiten herausfinden, die zu dir passen, um deiner Spannung Luft zu machen,

um alles an dir zu akzeptieren: deine Gefühle, deine Gedanken, deinen Körper.

Das ist eine sehr wichtige Sache.

Wie geht es *dir* damit?

Was *denkst* du darüber?

Hast du das Gefühl, daß du bereits angefangen hast?

6

UND JETZT?

Was ist mit dir geschehen, indem du dies Buch gelesen hast?

Hast du die Experimente ausprobiert?

Hast du dich

erregt
hoffnungsvoll
kribbelig?

nervös
verschreckt
ängstlich?

gelangweilt
stumpf
irritiert
verächtlich?

leer
abgelenkt?

müde
schwer?

durcheinander
dumm

gefühlt?

Jedes dieser Gefühle birgt in sich eine Möglichkeit zu Wachstum und Entwicklung.

Es ist deine Entscheidung, ob du den nächsten Schritt gehen willst,

um tiefer in jedes Gefühl hineinzugehen,

um jedes Gefühl sich entwickeln, wachsen und dich weiterführen zu lassen,

um da durchzufinden,

um da hinein zu geraten,

um viel damit herumzukommen,

um dahinterzukommen,

um nicht damit steckenzubleiben.

Deine Erfahrungen, während du dieses Buch gelesen hast, sind du selbst.

Du besitzt die Enwicklungsmöglichkeiten für weitere Erfahrungen.

Wie willst du weitermachen, um ganz du selbst zu sein?

Was jetzt? Das liegt an dir.

7

NOCH EINMAL

Dies Buch ist als Vorgeschmack gedacht, als Appetithappen, als ein Scheibchen von dem, was Gestalttherapie wirklich ist.

In einer echten Sitzung mit einem Gestalttherapeuten wird alles, was geschieht, ganz allein nur für dich zubereitet.

Nun, falls dieser Vorgeschmack von Gestalttherapie dir gefällt, dann möchtest du vielleicht weitermachen.

Ein Weg ist, das Buch *Gestalt-Therapie* zu lesen, das Fritz Perls, Paul Goodman und Ralph Hefferline 1951 geschrieben haben. Der andere Weg ist, einen guten Gestalttherapeuten zu finden und weitere Möglichkeiten zu erforschen, wie du dich entfalten kannst.

Du entscheidest selbst – und für dich selbst. Schließlich ist es auch bereits ein wesentlicher Bestandteil der Gestalttherapie, daran zu glauben, daß du selbst letztlich weißt, was das Beste für dich ist. Als Gestalttherapeut will ich dich *in die Lage versetzen,* dies Wissen wirklich zu erlangen und für dich zu nutzen.

Anhang

Eine kurze Bemerkung über die Geschichte der Gestalttherapie

Die Gestalttherapie wurde zunächst von Fritz Perls und seiner Frau Laura – d. i. Lore – um 1950 herum entwickelt. In jener Zeit halfen ihnen vor allem Paul Goodman, Ralph Hefferline und Paul Weisz:

Fritz und Laura Perls waren Psychoanalytiker, die in Deutschland vor dem Zweiten Weltkrieg ausgebildet worden waren. Später wurde Fritz Perls von Wilhelm Reich supervidiert. Zuvor besuchte Laura Perls als Studentin Vorlesungen der Gestaltpsychologen Wertheimer, Koffka und Köhler.

Auf diesem Hintergrund und als Ergebnis eigener Erfahrung wurden sie der Begrenztheit der psychoanalytischen Theorie gewahr, und sie begannen, auf neue Weise mit Patienten zu arbeiten und über Therapie nachzudenken.

Zu Beginn dachten Fritz und Laura Perls daran, ihre neue Therapieform »Konzentrationstherapie«, »Gewahrseinstherapie« oder »Existentielle Therapie« zu nennen, aber sie entschieden sich für »Gestalttherapie«. In den 60er Jahren ging Fritz nach Kalifornien und später nach Kanada, während Laura in New York blieb.

Die größeren Differenzen innerhalb der Gestalttherapie erwuchsen aus den Unterschiedlichkeiten der beiden Perls' in der theoretischen Orientierung und in der Arbeit mit Patienten, wo sie ihren jeweils eigenen Stil immer weiter fortentwickelten.